D1285526

KJB

№ 23

Die Glücksfee

Erzählt von Cornelia Funke
Mit Bildern von Sybille Hein

FISCHER | KJB

Es gibt auf der ganzen Welt dreitausend-
dreihundertdreiunddreißig Glücksfeen.
So ungefähr. Und Pistazia war die allerbeste.
Sie wohnte mit dreiundzwanzig anderen Feen
unterm Dachstuhl einer Kirche.

Eines Nachts ließ Tusnelda Pistazia zu sich rufen.

Tusnelda war die Chefin, weil sie die Dickste war.

So ist das bei den Feen: Die Dickste hat zu bestimmen.

No 23

»Pistazia«, sagte Tusnelda, »es gibt Arbeit für dich.«
Auf der Leinwand erschien das Bild eines Jungen.
»Das ist Lukas Besenbein«, erklärte Tusnelda.
»Sechs Jahre alt. Hat ständig schlechte Laune.
Der Junge versteht nicht das Geringste vom
Glücklichsein. Schlimmer Fall«, sagte Tusnelda.
»Braucht dringend ein paar Nachhilfestunden.
Hier ist seine Adresse.«
»Bin schon weg!«, rief Pistazia und flog los.

Lukas Besenbein schlief. Natürlich. Es war schon
nach Mitternacht. Pistazia glitt durch die Fenster-
scheibe, holte tief Luft und pustete ihm ins Ohr.
Erschrocken fuhr der Junge hoch.
»Hallihallo!«, flötete Pistazia. »Hab gehört,
du verstehst nichts vom Glücklichsein. Triefst nur
so von schlechter Laune, was?«
Lukas blinzelte. Aber es half nichts.
Die dicke Fee war immer noch da.

»Guck nicht so dumm«, sagte sie. »Ich heiße
Pistazia und bin eine Glücksfee. Mein Spezialgebiet
sind Miesepeter, wie du einer bist. Wie wär's mit
einem Lächeln zur Begrüßung?«
»Es gibt keinen Grund, glücklich zu sein«,
sagte Lukas.
»Ach nein?« Pistazia kicherte und streute dem
Jungen eine Prise Feenstaub auf den Kopf. »Doch.
Glücklichsein macht Spaß. Das ist ein Grund, oder?
Komm! Zeit für deine erste Lektion.«
Sie nahm Lukas bei der Hand und flog los,
hinaus in die kühle Nacht.

Pistazia setzte Lukas auf dem Dachfirst ab.
Zitternd hockte er da und wagte nicht,
nach unten zu sehen.

»Na, gefällt's dir hier?«

»Nein! Was ist das für ein schrecklicher Traum!«

»Traum? Blödsinn«, sagte Pistazia. »Das hier ist eine
ernste Angelegenheit. Du sollst das Glücklichsein
lernen, und ich habe nicht ewig Zeit. Also
konzentrier dich. – Wie geht es dir?«

»Schrecklich!«, antwortete Lukas mit klappernden
Zähnen. »Widerlich, scheußlich. Mir ist schwindlig.
Ich mache mir vor Angst fast in die Hose.«

Pistazia kicherte zufrieden.

»Gut«, sagte sie. »Sehr gut.«

Dann schubste sie Lukas vom Dach, bugsierte
ihn zurück in sein Zimmer und ließ ihn über
seinem Bett schweben.

»Möchtest du ins Bett?«, gurrte Pistazia.

»Ja!«, brüllte Lukas.

Da ließ Pistazia ihn abstürzen. Rums!
Mitten aufs Bett. Seufzend wühlte er sich
unter die Decke.

»Oh!«, flüsterte er. »Es ist warm und weich
und wunderbar. Erste Klasse, wunderbar!«

»Glücklich?«, flötete Pistazia ihm ins Ohr.

»Weiß nicht!«, knurrte Lukas.

»Na, dann bis morgen!«

Und – pling! – war die Fee verschwunden.

Beim Frühstück saß Pistazia in seiner Tasse.
Der Kakao war verschwunden.

»Wirklich schmackhaft!«, wisperte die Fee und leckte sich die Lippen. »Ich wette, du bekommst diese Köstlichkeit jeden Morgen. Und trotzdem machst du schon wieder dein Miesepeter-Gesicht. Also gibt es jetzt Lektion zwei.«

Und – pling! – war sie wieder verschwunden.

»Lukas«, sagte Mama, »du guckst so komisch.«
»Kann ich noch Kakao haben?«, brummte er.
Mama goss ihm den Becher voll.
Aber als er trinken wollte, war kein Tropfen
mehr drin.
Den ganzen Tag ging das so. Egal, was Lukas sich
eingoss, Milch, Wasser, Saft, sein Glas blieb leer.
Abends klebte ihm die Zunge am Gaumen.

Am nächsten Morgen saß Pistazia wieder in seiner Tasse.
»Würde dich ein Schlückchen Kakao glücklich machen?«,
fragte sie.
»Ja«, krächzte er.
Da füllte sich der Becher mit duftendem Kakao.
»Na, glücklich?«, wisperte es in sein Ohr.
»Mann, Mama, schmeckt der wunderbar«, sagte Lukas
und schenkte seiner Mutter das breiteste Lächeln, das sie je
von ihm gesehen hatte.
»Na, dann bis morgen!«, sagte Pistazia und war schon
verschwunden.

Am nächsten Morgen lag Lukas im Bett, trank Kakao
und genoss ein kleines Glücksgefühl.

»Oh, der Herr denkt wohl, er hat genug gelernt,
was?«, sagte Pistazia. »Falsch! Kennst gerade mal ein
käferkleines Stück vom Glück, du Dummkopf!
Du gehst nicht gerne raus, was?«, fragte sie und
kniff in Lukas' Nase. »Hüpfst nicht, springst nicht,
gehst keinen Schritt zu schnell, oder?«

»Na und? Hüpfen ist albern.«

»Aber albern macht glücklich! Blau, Grün, Gelb, Rot
macht glücklich, du Muffelkopf!«

Und sie spuckte ihm auf die Augen und verschwand.
Pling!

Die nächsten drei Tage sah Lukas alles grau.
Und seine Mundwinkel hingen miesepetrig
nach unten. Es war abscheulich.

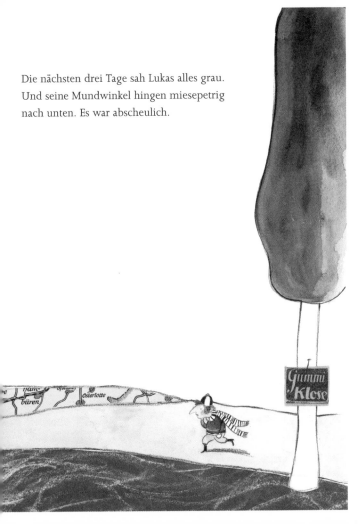

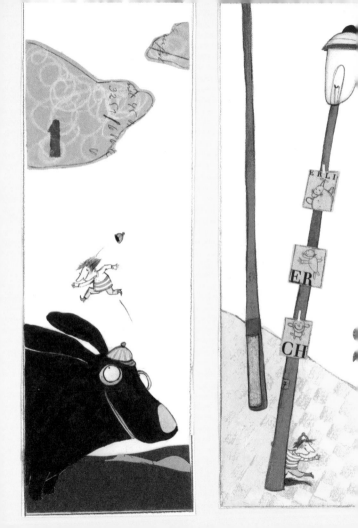

Am vierten Tag saß Pistazia in seinem Schuh. Morgens, als er zur Schule musste.

»Los geht's!«, wisperte sie und pustete ihm in die Augen.

Da hüpfte Lukas los.

Er sprang über den Nachbarshund, er tanzte um Laternenpfähle und kletterte auf Bäume.

Und die Welt war so grün und blau und rot und gelb, dass er vor Glück fast platzte.

3

»Na, wie fühlt es sich an, das Glück?«, fragte Pistazia
und flatterte um seine Nase.
»Es ist so dick wie du!«, rief Lukas.
»Es ist dick und frech und warm
und weich und rot und
blau und federleicht!«

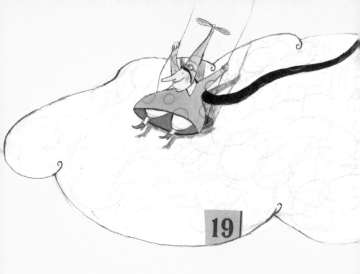

»Genauuuuuu!«, rief Pistazia. »Genau, genau,
es schmeckt wie Kakao!«
Und – pling! – war sie verschwunden. Und kam
nicht wieder.
Auf Lukas' Lippen aber blieb ein Lächeln sitzen –
ein dickes, fettes Lächeln. Und zwischen seinen Zehen
kitzelte noch sehr, sehr lange der Feenstaub.

Cornelia Funke, geboren 1958, gilt als die »deutsche J. K. Rowling« und ist die derzeit erfolg-reichste und beliebteste Kinderbuchautorin Deutschlands. Nach einer Ausbildung zur Diplompädagogin und einem Graphikstudium arbeitete sie zunächst als Illustratorin, doch schon bald begann sie, eigene Geschichten für Kinder und Jugendliche zu schreiben. Inzwischen begeistert sie mit ihren phantasievollen Romanen Fans in der ganzen Welt. Cornelia Funke lebt mit ihrer Familie in Kalifornien, USA.

Sybille Hein wurde 1970 in Wolfenbüttel geboren und studierte an der Fachhochschule für Gestaltung in Hamburg Illustration. Seit 1999 illustriert sie Kinderbücher. Für ihre Zeichnungen erhielt sie zahlreiche Auszeichnungen, unter anderem wurde ihr drei Mal der Österreichische Kinderbuchpreis verliehen. Sybille Hein lebt in Berlin.

Weitere Informationen zum Kinder- und Jugendbuchprogramm der S. Fischer Verlage, auch zu E-Book-Ausgaben, gibt es unter www.blubberfisch.de und www.fischerverlage.de

6. Auflage: November 2015
Erschienen bei FISCHER KJB